Hermann Moers wurde 1930 in Köln geboren. Nach dem Krieg machte er eine kaufmännische Ausbildung, mit 24 das Abendabitur. Über etliche Jahre jobbte er und schrieb Theaterstücke, Fernseh- und Hörspiele. Heute lebt er mit seiner Frau und seinem Sohn Anton auf einem kleinen Bauernhof in Niederbayern als Selbstversorger und schreibt Bilder-, Kinder- und Jugendbücher.

Bei Thienemann bereits erschienen:
Hansi Müller, Sheriff
Einmal Abenteuer täglich

Milada Krautmann wurde 1956 in einer kleinen Stadt am Fuß des Riesengebirges geboren. Sie studierte Angewandte Malerei an der Kunsthochschule Prag. Ihr Studium führte sie auch nach Brüssel und Paris. Heute lebt sie mit ihrem Mann und ihrem Sohn in Stuttgart, arbeitet als freie Graphic-Designerin und widmet sich schwerpunktmäßig der Kinderbuchillustration.

Die Deutsche Bibliothek – CIP-Einheitsaufnahme
Der alte Ludwig und sein Kasperl /
Hermann Moers; Milada Krautmann. –
Stuttgart; Wien: Thienemann, 1994
ISBN 3 522 43161 8
NE: Moers, Hermann; Krautmann, Milada

Schrift: Garamond ITC · Satz: Satzteam Ditzingen
Reproduktionen: Reproteam Siefert, Ulm
Druck und Bindung: Proost N.V., Turnhout
© 1994 by K. Thienemanns Verlag, Stuttgart – Wien
Printed in Belgium. Alle Rechte vorbehalten.
5 4 3 2 1   94 95 96 97

Hermann Moers · Milada Krautmann

Der alte Ludwig und sein Kasperl

Thienemann

Der alte Ludwig hat eine Puppenbühne. Die kann er zerlegen und auf seine Klapperkiste laden. So fährt er überall hin, wo Kinder sind.

Jetzt kommt der alte Ludwig von einer langen Reise heim. Er sperrt die Tür auf und trägt die Puppen ins Haus.

Die Puppen sind aufgeregt und reden alle durcheinander.

„Nun haltet mal die Klappe", sagt der alte Ludwig. „Ruht euch aus von der langen Reise."

Behutsam legt er die Puppen in eine Truhe.

„Paß nur ja auf, daß keiner meinen Zauberstab klaut!" mahnt ihn der Zauberer.

„Ich will nicht neben dem Krokodil liegen!" ruft der Seeräuber. „Es knabbert immer an meinem Holzbein!"

„Wann findest du endlich den verwunschenen Prinzen für mich?" will die Prinzessin wissen. „Und bring meine Schleppe in die Reinigung!"

„Wird alles besorgt", sagt der alte Ludwig und klappt den Deckel zu.

Der alte Ludwig macht sich eine Tasse Kaffee. Da sieht er auf dem Fensterbrett seinen Kasperl sitzen. „Ab in die Kiste!" donnert er. „Jetzt wird geschlafen!"

„Leg dich doch selber in die Kiste", sagt der Kasperl frech und schlägt einen Purzelbaum. „Ich bin nicht müde."

„Ich muß einkaufen gehen", sagt der alte Ludwig.

„Nimm mich mit!" ruft der Kasperl.

„Nichts da. Du kannst aus dem Fenster schauen, bis ich heimkomme", sagt der alte Ludwig.

Doch im Hof wartet der Kasperl schon auf ihn. Fast hätte der alte Ludwig ihn nicht erkannt. Der hat nämlich eine ganz andere Mütze auf dem Kopf. Es ist eine Mütze vom alten Ludwig. Sie ist dem Kasperl viel zu groß.

Bevor der alte Ludwig schimpfen kann, fragt der Kasperl scheinheilig: „Hast du nicht gesagt, ich soll schauen, daß ich aus dem Fenster komme?"

Sie gehen zum Postamt. Der alte Ludwig möchte, daß die Post ihm jeden Tag seine Zeitung bringt. Dazu muß er einen Zettel ausfüllen. Er hat aber seine Brille vergessen.

„Ein Glück, daß du mich hast!" ruft der Kasperl. „Ich kann schreiben und lesen, ganz ohne Brille!"

Der Kasperl nimmt den Zettel und schreibt: „Schicken Sie uns jeden Tag eine Zeitung, in der lauter lustige Sachen stehen. Viele Witze sind wichtig. Und auch mal ein Rätsel!"

Der alte Ludwig wird sich sehr freuen, wenn er so eine lustige Zeitung kriegt. Aber das weiß er jetzt noch nicht.

„Nun gehen wir zum Arzt", sagt der alte Ludwig. „Alles tut mir weh. Das kommt vom Puppenspiel."

Als der alte Ludwig an der Reihe ist, springt der Kasperl auf. „Laß mich bitte vorgehen! Ich hab auch so schlimme Schmerzen, ich kann es keine Minute mehr aushalten!"

„Wo fehlt's denn?" fragt der Arzt in seinem Zimmer den Kasperl.

„Mir fehlt nichts", sagt der Kasperl. „Aber gleich kommt der alte Ludwig, dem tut alles weh. Und wissen Sie, warum? Weil er den ganzen Tag auf dem Sofa liegt! Davon ist er eingerostet! Sagen Sie ihm, er soll jeden Tag mit seinem Kasperl um die Wette rennen, Fußball spielen und auf Bäume klettern!"

„Na so was!" wundert sich der alte Ludwig nachher auf der Straße. „Ich sei eingerostet, sagt der Arzt. Jeden Tag soll ich mit dir um die Wette rennen und auf Bäume klettern."
Der Kasperl hebt seinen Zeigefinger. „Fußball spielen nicht vergessen! Ein sehr kluger Arzt!"
„Und was hat er dir verordnet?" will der alte Ludwig wissen.
„Dasselbe!" behauptet der Kasperl. „Abends soll ich spät ins Bett gehen. Und viel Schabernack muß ich treiben!"

Der Kasperl gibt keine Ruhe, bis sie um die Wette rennen.
Der alte Ludwig kommt ganz außer Puste. Aber Schmerzen hat er keine mehr.
„Wirklich eine gute Medizin", wundert er sich.

„Wir müssen zur Sparkasse", sagt der alte Ludwig. „Unsere Einnahmen aufs Sparbuch einzahlen."

„Dann ist unser ganzes Geld futsch", meint der Kasperl.

„Man muß sein Geld immer sparen", belehrt der alte Ludwig seinen Kasperl. „Damit man in der Not etwas hat."

„Ich will aber keine Not", hält der Kasperl dagegen. „Dann brauche ich auch nicht zu sparen!"

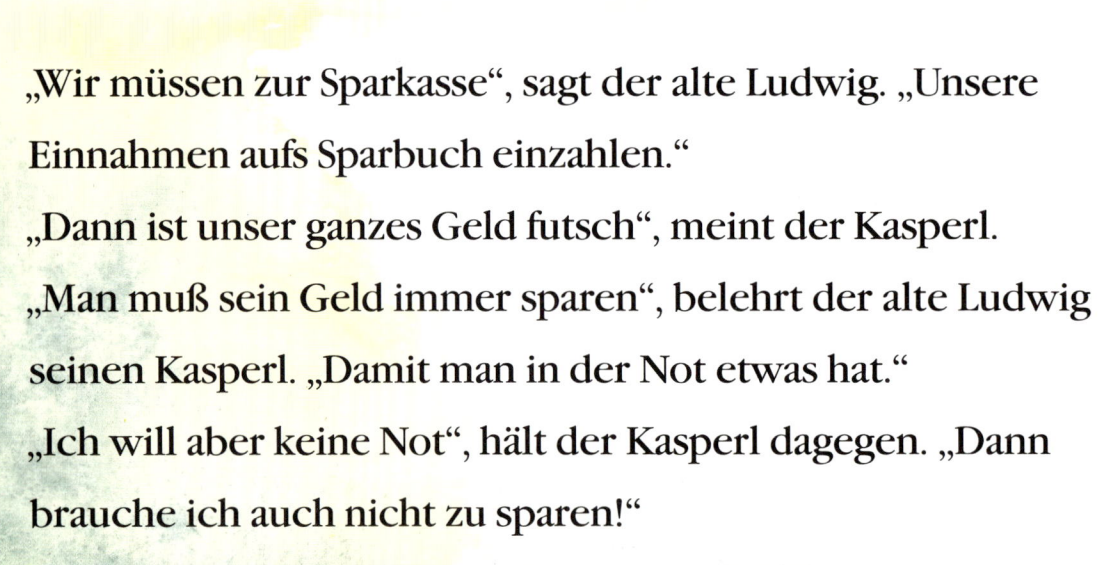

In der Sparkasse schimpft der alte Ludwig: „Verflixt, hätte ich doch meine Brille dabei!"

„Gib mir das Geld", sagt der Kasperl. „Ich kann prima damit umgehen, ganz ohne Brille!"

Ein gut Teil des Geldes läßt der Kasperl unter seiner großen Mütze verschwinden. Den Rest zahlt er aufs Sparbuch ein.

Wieder auf der Straße, sagt der Kasperl zum alten Ludwig:
„Nun werde ich dir deinen liebsten Wunsch erfüllen!"
„Was für einen Wunsch denn?" staunt der alte Ludwig.
„Du hast Leuten nachgeschaut, die auf dem Fahrrad vorbeifuhren. Und dann hast du gesagt, radfahren möchtest du auch mal wieder!" ruft der Kasperl und holt das Geld unter der Mütze hervor. „Schau her! Soviel ist beim Einzahlen aufs Sparbuch übriggeblieben! Dafür kaufen wir jetzt für jeden ein Fahrrad!"

Mit ihren neuen Fahrrädern fahren die beiden zum Einkaufen. Im Laden packt der alte Ludwig alles Nötige in den Einkaufswagen: Brot, Salz, Zucker, Milch, Mehl und Marmelade.
„Lauter langweiliges Zeug!" schimpft der Kasperl. Er klettert in den Wagen und wedelt mit den Armen. „Ich würde einkaufen, was gut schmeckt! Was gut schmeckt, macht Spaß! Und Spaß ist sehr nützlich! Das hat bestimmt auch der Arzt gesagt."
Der alte Ludwig hört nicht auf ihn.

Der Kasperl aber legt die Waren unbemerkt in die Regale zurück. Er vertauscht sie gegen Erdnüsse, Weingummi, Lakritze, Pudding, Salzstangen, Liebesperlen und Schokolade.
An der Kasse bemerkt der alte Ludwig den Schwindel. „Von Leckereien alleine kann man nicht leben. Das wird dir auch der kluge Arzt bestätigen. Eine Tafel Schokolade darfst du behalten!"

Daheim angekommen, meint der alte Ludwig: „Dann werden wir jetzt mal hier im Haus alles Nötige tun: kehren, Staub wischen, putzen, das Bett frisch beziehen."

„Nötig ist nur, was Spaß macht!" tönt der Kasperl. Und schon mischt er die Karten. „Wir spielen so lange, bis ich gewonnen habe! Gewinnen macht nämlich Spaß!"

„Wenn man alles miteinander tut, dann ist auch die Arbeit ein Vergnügen", meint der alte Ludwig.

Als sie sich nach ihrem Hausputz zum Kartenspiel an den Tisch setzen, fragt der Kasperl: „Freust du dich jetzt ein bißchen, daß du mich nicht in die Kiste gesperrt hast?" Liebevoll packt der alte Ludwig den Kasperl bei den Ohren, daß die große Mütze wackelt. „Ich gebe es ja zu, du Teufelsbraten. Das Leben wäre ganz schön fad ohne dich!"